Karin Senger · Sabine Latorre

Advent, Advent ...

Basteln, spielen, backen

Advent, Advent, ...

Basteln und spielen – das macht allen Kindern Spaß. Zu Hause, im Kindergarten, in der Schule. Ein gutes Anleitungsbuch gehört dazu.

Seit mehr als 30 Jahren steht Christophorus für praxisbezogene Literatur zur kreativen Freizeit. Genauso wie dieser Band ist jeder Titel aus dem Christophorus-Verlag mit viel Sorgfalt erarbeitet. Das erklärt, warum unsere Bücher jährlich so vielen zufriedenen Lesern so viel Spaß bringen.

CHRISTOPHORUS

Sabine Latorre / Karin Senger

Advent, Advent ...

Basteln ✶ Spielen ✶ Backen

Ideen für jeden Tag im Advent

Christophorus

Inhalt

Vorwort

Mit der Adventszeit beginnt die Vorfreude auf das nahende Weihnachtsfest. Deshalb steht am Anfang dieses Buches die Adventsuhr. Sie zeigt das Verstreichen der Zeit vom 1. Dezember bis zum Heiligen Abend. Jeden Tag rückt der Zeiger der Adventsuhr ein Stückchen weiter, jeden Tag darf eines der hübsch verzierten goldenen Schächtelchen geöffnet werden. Und jeden Tag überrascht auch das Buch mit einer neuen Idee. Da gibt es unterhaltsame Spiele für die langen Winternachmittage, süße Naschereien und natürlich viele neue Bastelvorschläge in Hülle und Fülle.

Die meisten Basteleien sind schnell gefertigt wie zum Beispiel die bunten Sterne aus Biegeplüsch oder die Kekskerzen. Bei anderen Arbeiten braucht man etwas mehr Geduld oder sie erfordern ein bißchen Vorbereitungszeit wie die Christrosen oder die Christbaumkugeln.

Jede der Arbeiten kann individuell durchgeführt werden. Aber als gemeinsame Bastelaktion in der Familie, im Freundeskreis, im Kindergarten oder in der Schule machen sie noch mehr Spaß! So auch bei der Weihnachtskrippe: Je mehr Figuren bemalt werden, um so lebendiger wird das „Krippenmosaik".

Wir wünschen Ihnen eine schöne Adventszeit und recht viel Freude mit unseren 24 kleinen Überraschungen für jeden Tag.

Karin Senger
Sabine Latorre

1. Dezember

Die Adventsuhr

Motive A 1 bis A 5 auf Seite 54 und 55

Material & Hilfsmittel

Grüner Tonkarton: 50 x 70 cm; roter Tonkarton; starker Karton zum Stabilisieren (40 x 40 cm); Bleistift und Kohlepapier zum Übertragen der Vorlagen; 24 Streichholzschachteln; 1 lange Musterbeutelklammer; Goldspray; bunte Papierreste (für die 24 Weihnachtsmotive); Filzstift; Goldstift; evtl. Aufklebezahlen oder Ausdrucke aus dem Computer; Wollfaden; starke Nähnadel; Nadel; Locher; alte Zeitungen; Schere; Klebstoff

Bastelanleitung

Schachteln: Die Arbeitsfläche großzügig mit Zeitung abdecken. Die Schachteln ausbreiten, mit Goldspray besprühen. Nach dem Trocknen jeweils die Schmalseiten vergolden; die Rückseiten jedoch auslassen. Die 24 kleinen Weihnachtsmotive der Abbildung entsprechend oder nach eigener Phantasie aus buntem Papier ausschneiden und auf die Schachteln kleben.

Die Uhr: Aus grünem Tonkarton einen Kreis von 50 cm Ø ausschneiden. Dazu wird ein großer Zirkel gebraucht: Zwischen einen Bleistift und eine starke Nadel einen Faden knoten, der eine Spanne von 25 cm läßt. Die Nadel in die Mitte des Tonkartons stecken, festhalten und mit dem Bleistift am straff-

gezogenen Faden einen Kreis markieren.

Nach der Vorlage die dreieckige Form übertragen und ausschneiden. Am Rand des Kreises die Dreieckschablone mit der Basis anlegen, nachzeichnen, direkt daneben erneut so häufig anlegen und nachzeichnen, bis der Kreis einmal umrundet ist. Die fertige Grundform ausschneiden und zur Stabilisierung auf einen festen Pappkreis mit einem Durchmesser von 40 cm kleben. Den Strahlenkranz mit einem Goldstift verzieren. Für die Zeiger zwei Schablonen anfertigen, aus rotem Tonkarton ausschneiden und am Ende jedes Zeigers ein Loch bohren. Anschließend die Ränder der Zeiger mit Goldfarbe oder Glitter verzieren und trocknen lassen.

In der Mitte des Uhrenkreises ein kleines Loch bohren. Die Musterbeutelklammer zuerst durch den großen Zeiger, dann durch den kleinen Zeiger und dann erst durch den Uhrenkreis stecken, auf der Uhrenrückseite aufbiegen.

Die Schachteln an der Basis der Strahlenkranz-Dreiecke ausrichten, so daß die Dreiecke darüber ein „Dach" bilden. Erst, wenn alle Schachteln ausgerichtet sind, mit dem Aufkleben beginnen. Die Zahlen auf rotes Papier kopieren, Kreise darum ziehen und ausschneiden.

Wenn die Adventsuhr fertig gebastelt ist, werden die Schachteln mit kleinen Überraschungen gefüllt. Das kann etwas zum Naschen sein, aber auch ein Gutschein für das Lieblingsmittagessen oder für einen Ausflug. Der große Zeiger zeigt immer auf das Feld 24. Der kleine Zeiger wird jeden Tag um eine Position nach rechts gedreht. Wer dreht, darf das Schächtelchen öffnen und den Inhalt behalten.

2. Dezember

Sterne aus Moosgummi

Motive B 1 und B 2 auf Seite 55

Material & Hilfsmittel

Bunte Moosgummiplatten; Bleistift und Kohlepapier zum Übertragen der Vorlagen; Pappe für die Schablone; Schere; Klebstoff

Bastelanleitung

Mit Hilfe der Vorlagen jeweils eine Sternform und eine Sternzacke aus Pappe herstellen. Die Schablonen auf das Moosgummi legen, mit Bleistift nachzeichnen und ausschneiden. Auf jeden Stern fünf Sternzacken aufkleben; die Farben dabei der Abbildung entsprechend oder nach eigener Phantasie kombinieren.

Tip: Wenn Sie die Moosgummiformen auf Papier aufkleben, erhalten Sie hübsche Weihnachtskarten. Und mit einem Faden versehen, werden die Moosgummifiguren zu schönen Geschenkanhängern.

3. Dezember

Glitzervögel

Motiv C auf Seite 55

Material & Hilfsmittel

Tonkarton in verschiedenen Farben; Kohlepapier und Bleistift zum Übertragen der Vorlagen; Pappe für die Schablone; Walnüsse; schwarzer Filzstift; Schere; Klebstoff; Küchenmesser; Glitterglue; Glitzersternchen; Nadel; bunter Zwirn

Bastelanleitung

Die Vogelform mit Kohlepapier und Bleistift vom Vorlagenteil auf die Pappe übertragen und die Schablone ausschneiden. Die Schablone auf den Tonkarton legen, mit dem Bleistift umranden und die Form ausschneiden.

Die Walnüsse vorsichtig knacken und aushöhlen, beide Hälften müssen unversehrt bleiben. Die Nüsse lassen sich mit Hilfe eines Küchenmessers halbieren, das mit der Spitze in die weiche Nahtstelle der Schale gebohrt und leicht hin- und hergedreht wird. Für Kinder ist diese Technik wegen der Verletzungsgefahr nicht geeignet!

Mit Glitterglue Schnabel und Kopfumriß nachfahren. Die Schwanzfedern mit Glittergluestreifen andeuten und mit Glitzersternchen bekleben. Für das Auge einen dicken Punkt mit schwarzem Filzstift malen, danach einen Glitzerstern aufkleben. Sobald der Kleber getrocknet ist, die Rückseite ebenso verzieren.

Zum Schluß die Walnußschalen auf beiden Seiten als Flügel aufkleben. Die Schalen müssen sich genau gegenüber liegen. Nach dem Trocknen mit Glitterglue verzieren. Für die Aufhängung einen Zwirnfaden mit der Nadel oberhalb der Walnußschalen durch den Tonkarton ziehen.

4. Dezember

Lebkuchenpferdchen

Motiv D auf Seite 54

Zutaten

Für den Teig *(ausreichend für mehrere Lebkuchenpferdchen):*
50 g Margarine; 175 g Zucker; 1 Päckchen Vanillezucker;
1 Ei; 1 Eigelb; 100 g flüssigen Honig; ½ Teel. gemahlener Anis;
1 gestr. Teel. gemahlene Nelken; 1 gestr. Teel. gemahlener
Zimt; 500 g Weizenmehl; 1 Päckchen Backpulver; 3 Eßl. Milch;
Backpapier
Für die Verzierung: *Puderzucker; 8 gehäutete Mandeln;*
6 Walnüsse; 2 Zuckerkirschen; 6 Pinienkerne; Korinthen;
5 große Rosinen; Zitronade-Stückchen

Rezept

Margarine schaumig rühren, Honig, Eier, Zucker und Gewürze hinzugeben. Mehl und Backpulver sieben und zu zwei Dritteln unterrühren. Das restliche Mehl mit der Milch unterkneten, bis der Teig nicht mehr klebt. Einige Minuten kaltstellen.

Den Teig ½ cm dick ausrollen. Das Pferdchen auf Pergamentpapier vorzeichnen, ausschneiden, auf den ausgerollten Kuchenteig legen und mit Hilfe eines Küchenmessers ausschneiden. Das Pferdchen auf ein mit Backpapier ausgelegtes Backblech legen und 10 Minuten bei 175 bis 200 Grad (Gas Stufe 3 bis 4) im vorgeheizten Ofen ausbacken. Das Gebäck erkalten lassen.

Für die Verzierung eine feste Zuckergußmasse aus sehr wenig Wasser und Puderzucker anrühren. Der Puderzuckerbrei hält noch besser, wenn man ihn mit Eiweiß anrührt.

Die Puderzuckermasse als dicke Punkte an den gewünschten Stellen auftragen, die Verzierungen hineindrücken. Als Zaumzeug dienen sechs Pinienkerne, als Auge und Halsschmuck große Rosinen. Mähne und Schweif bestehen aus halbierten Walnüssen. Die Beine mit Korinthen verzieren, Hufe und Halsschmuck mit Zitronadestückchen. Der Bauch- und der Halsschmuck bestehen aus halben Zuckerkirschen und sieben halbierten gehäuteten Mandeln. Das Ohr ist eine halbierte Mandel. Alle Verzierungen gut trocknen lassen. In Folie verpackt ist das Lebkuchenpferdchen ein schönes Weihnachtsgeschenk.

5. Dezember

Strauchschmuck aus Salzteig

Zutaten & Hilfsmittel

Für den Teig: *1 Tasse Mehl (100g), $\frac{1}{2}$ Tasse Salz (100g), knapp $\frac{1}{2}$ Tasse Wasser, evtl. 1 Teelöffel Tapetenkleister (macht den Teig elastischer)*
Für die Anhänger: *kleine Back-Ausstechförmchen, 1 großes Glas (9 cm Ø), 1 kleines Glas (5 cm Ø), dicke stumpfe Stopfnadel (oder Streichholz), wasserlösliche Lackfarben, Pinsel, feines Goldband*

Bastelanleitung

Aus den Zutaten einen geschmeidigen Teig kneten und eine mindestens 0,5 cm dicke Platte auf leicht bemehltem Untergrund ausrollen. Wenn der Teig krümelt, etwas Wasser zugießen. Bleibt er an den Händen kleben, etwas Mehl zugeben.

Mit den Glasrändern doppelte Kreise ausstechen und vorsichtig abheben. Die kleinen Weihnachtsmotive mit Backförmchen ausstechen. Mit Nadel oder Streichholz ein großes Loch für die Aufhängung in die Ringe und ein kleineres in die Weihnachtsmotive bohren.

Die Formen zwei Tage gut durchtrocknen lassen, dabei ab und zu wenden.

Die Formen in der gewünschten Farbe grundieren. Wenn der Farbauftrag getrocknet ist, können beliebige Verzierungen aufgemalt werden.

Das Weihnachtsmotiv mit einem Faden am Ring befestigen. Zum Schluß einen zweiten Faden als Aufhängevorrichtung durch dasselbe Loch im Ring führen.

6. Dezember

Nikolaus-Hampelmann

Motive E 1 bis E 6 auf Seite 55

Material & Hilfsmittel

Wellpappe in Rot; Tonkarton in Orange; Schere; Kohlepapier und Bleistift zum Übertragen der Vorlagen; 5 Musterbeutelklammern; Klebstoff; Watte; rote Holzperle (für die Nase); schwarzer Lack auf Wasserbasis; Locher; Schnur oder Geschenkband; Perle (für Zugabschluß)

Bastelanleitung

Den Mantel, die Schuhe, die Arme und zwei Teile für die Mütze von der Vorlage mit Hilfe von Kohlepapier und Bleistift auf die Rückseite der Wellpappe übertragen und ausschneiden. Dabei auf die Laufrichtung der Wellpappe-Linien achten. Arme und Beine doppelt, jeweils einmal spiegelverkehrt ausschneiden. Hände und Kopf aus Tonkarton ausschneiden und an der Rückseite des Mantels und der Arme aufkleben.

Beine, Arme und Mützenteile an den angegebenen Stellen lochen. Mit der Schere vier weitere Löcher in das Mantelteil bohren. Die Einzelteile mit den Musterbeutelklammern verbinden.

Nun die Zugfäden auf der Rückseite spannen: Für den Querfaden durch Arme und Beine an den angegebenen Stellen jeweils ein kleines Loch bohren und die Fäden verknoten. Den Längsfaden zuerst mit der Mütze verbinden, dazu wieder ein Loch bohren. Dann an jeder Fadenkreuzung den Längsfaden mit den Querfäden verknüpfen. Den Längsfaden länger lassen, er dient als Zugstrang. Am Ende eine kleine Perle als Anfasser einknoten.

Zum Schluß den Nikolaus verzieren: Die Stiefel schwarz lackieren. Aus der Watte feste Bänder für Mantel- , Mützen- und Schuhsaum formen und aufkleben. Für die Knöpfe und die Mützenbommel feste Wattekugeln rollen und mit einem dicken Klebstofftropfen festkleben. Den Kinnbart aus einem Wattestück locker zurechtzupfen, den Schnurrbart aus einem Wattestreifen formen, in der Mitte verdrehen. Die Spitzen zwirbeln, den Bart festkleben.

Zum Schluß die rote Holzperle als Nase aufkleben, die Augen mit Lackfarbe auftupfen oder aus schwarzem Papier ausschneiden und aufkleben.

Wenn der Nikolaus nicht richtig „hampelt“, die Musterbeutelklammern lockern!

Hinweis: Wer einen riesengroßen Nikolaus basteln möchte, so wie auf dem Umschlag abgebildet, vergrößert die Vorlagen am besten mit einem Kopierer. Die Nase des großen Nikolauses besteht aus einem roten Tonpapierpunkt, die Augen sind zwei schwarze Moosgummikreise mit jeweils einem weißen Papierpunkt.

7. Dezember

Weihnachts-Memory

Motiv F auf Seite 56

Material & Hilfsmittel

Fotokarton (für die Memory-Kärtchen); Rest fester Pappe: mind. 10 x 10 cm (für die Schablone); Schneidemaschine; Tapetenmesser; Lineal; Bleistift; Klebstoff; doppelte Vorlagen (z.B. aus Illustrierten oder aus weihnachtlichem Geschenkpapier); evtl. selbstklebende Klarsichtfolie

Bastelanleitung

Den Fotokarton in kleine Quadrate einteilen, mindestens mit einer Größe von 5 x 5 cm. Mit dem Lineal entsprechende Bleistiftlinien ziehen und die Quadrate ausschneiden, am besten mit einer Schneidemaschine.

Zum Auswählen und Ausschneiden der Bildmotive eine Schablone aus stabiler Pappe herstellen. Die Pappe dabei so zurechtschneiden, daß sie zunächst wesentlich größer ist als das geplante Memory-Kärtchen (siehe Motiv F). Danach die Größe des Memory-Kärtchens genau ausmessen und etwa 1 mm rundherum vergrößern (Schnittbreite) und auf die Pappe übertragen. Mit dem Tapetenmesser aus der Mitte heraus das Quadrat sorgfältig ausschneiden.

Mit der Schablone schöne Bildausschnitte aus den Vorlagen heraussuchen und markieren. Dazu mit dem Bleistift rund um die Innenkante des ausgeschnittenen Quadrates fahren. Für das

zweite Bild des Memory-Pärchens den gleichen Bildausschnitt wählen. Die beiden Bildvorlagen ausschneiden und auf die Fotokarton-Kärtchen kleben. Die Ränder müssen gut festgeklebt werden. Je mehr Kartenpaare hergestellt werden, desto interessanter wird das Memory-Spiel.

Um das Memory-Spiel bei häufigem Gebrauch zu schonen, empfiehlt es sich, die Kärtchen mit selbstklebender Klarsichtfolie zu beziehen.

Spielanleitung (ab zwei Spielern)

Spielkarten mischen und verdeckt auf den Tisch legen. Es ist das Ziel des Spieles, gleiche Paare zu finden. Abwechselnd werden zwei Karten umgedreht, angesehen und wieder verdeckt. Wenn ein Spieler zweimal das gleiche Motiv aufdeckt, so darf er die beiden Karten aus dem Spiel nehmen und gleich noch einmal zwei neue Karten umdrehen. Sieger ist, wer die meisten Paare gefunden hat.

8. Dezember

Punsch mit Orangen und Honig

Zutaten

Für 1,5 Liter Punsch: 1 l schwarzer Tee; 5 Orangen; 1 Zitrone; 1 Zimtstange; 6 Gewürznelken; Honig; 1 Teefiltertüte; Bindfaden; Zitronenpresse; Kochtopf

Rezept

Einen Liter Tee im Kochtopf kochen, die Teeblätter herausnehmen. Die Zimtstange und die Nelken in eine Teefiltertüte geben und zubinden. Das Gewürzsäckchen 5 bis 10 Minuten im Tee ziehen lassen. Orangen und Zitrone auspressen, den Saft in den heißen Tee gießen und erhitzen. Nach Geschmack mit Honig süßen.

9. Dezember

Sterne aus Naturmaterialien

Material & Hilfsmittel

Biegsame lange Zweige; dünne Paketschnur; Naturbast; dünner Golddraht; getrocknetes Gras und/oder Wurzelwerk; getrocknete Blätter und Früchte; getrocknete Orangen-, Mandarinen- oder Zitronenscheiben; Filzstift; Klebstoff; evtl. Salzteig-Sterne (mit Goldspray besprüht)

Bastelanleitung

Die äußere Form: Jeder Stern besteht aus zwei Dreiecken. Die Länge der Zweige bestimmt die Größe der Sterne. Einen biegsamen Zweig von kleinen Seitenästen befreien, die Enden glattschneiden. Die Zweige sollten am Vortag in Wasser eingeweicht werden, damit sie biegsamer werden.

Die Gesamtlänge ausmessen, die Zahl durch drei teilen, eine Filzstiftmarkierung nach jedem Drittel anbringen. Den Zweig an den Markierungen vorsichtig in die gleiche Richtung umknicken; die Stücke dürfen dabei nicht abbrechen! Die Enden mit Paketschnur zusammenknoten, so daß ein Dreieck entsteht.

Ein zweites Dreieck in der gleichen Größe herstellen. Dreiecke übereinander legen, sternförmig ausrichten, an den Schnittpunkten mit Paketband fixieren. Die Knoten mit einem Tropfen Klebstoff verstärken.

Für die Sternschnuppe zusätzlich aus einem weiteren Zweig ein Dreieck mit kurzer Basis und langen Schenkeln formen und festknoten (siehe Abbildung).

Die Füllung: Das Sterninnere mit einem losen Geflecht aus getrocknetem Gras und Wurzelwerk füllen, mit Bast umwickeln. Anschließend vorsichtig dekorative Materialien (Orangenscheiben, Blätter, Goldpapier etc.) einschieben und mit feinem Golddraht umschnüren. Es können auch Salztteigsterne eingebaut werden, die allerdings mit einer eigenen Schnur fixiert werden müssen.

Natürlich lassen sich auch andere Formen, zum Beispiel eine Sonne (Kreis) oder eine Mondsichel (Halbkreis) aus den Zweigen biegen.

10. Dezember

Weihnachtsgesteck aus Tonpapier

Motive G 1 bis G 3 auf Seite 56

Material & Hilfsmittel

Tonpapier in verschiedenen Farben; feste Pappe für Schablonen; Pappe für die „Geschenkpäckchen"; Reste von buntem Geschenkpapier; Rundhölzer mit 0,3 cm ∅; Körbchen oder Blumentopf aus Ton; Erde oder Sand als Füllung; Bleistift und Kohlepapier zum Übertragen der Vorlagen; Walnüsse; Schere; Klebstoff; Klebeband

Bastelanleitung

Zuerst drei Schablonen anfertigen: Dazu die Formen für das Herz, den Stern und den Tannenbaum vom Vorlagenbogen mit Kohlepapier und Bleistift auf die Pappe übertragen und ausschneiden.

Die Schablonen auf das Tonpapier legen, mit Bleistift nachzeichnen und die Formen ausschneiden. Aus der restlichen Pappe Quadrate und Rechtecke als Geschenke zurechtschneiden und mit buntem Geschenkpapier bekleben.

Die Herzen, Sterne, Bäume und Geschenke auf der Rückseite mit Klebebandstreifen an den Rundhölzern befestigen.

Den Korb oder den Blumentopf mit Erde oder Sand füllen, die Walnüsse und die Stecker der Abbildung entsprechend arrangieren.

11. Dezember

Christrosen aus Tannenzapfen

Material & Hilfsmittel

2 große Fichtenzapfen; Klebstoff; festes Papier; weißer Sprühlack; wasserlöslicher Lack oder Wasserfarben in Gold oder Silber; dünnes Goldband; Aufhängefaden

Bastelmaterial

Fichtenzapfen 1 bis 2 Tage in Wasser einweichen. Das untere Ende mit beiden Händen vorsichtig abdrehen und die einzelnen Schuppen herauszupfen. Dabei darf der lange „Endhaken" am breiten Schuppenende nicht abbrechen. Die Schuppen gut trocknen lassen.

Aus festem Papier kleine Kreise mit einem Durchmesser von 1,5 cm ausschneiden. In der Mitte einen dicken Klebstoffpunkt auftragen. Darauf sechs gleich große Schuppen als „Blüten" der Abbildung entsprechend so anordnen, daß die langen „Endhaken" als „Staubgefäße" zusammenstehen. Gut trocknen lassen und während des Trocknens immer wieder festdrücken.

Die Blüten auf Zeitungspapier ausbreiten, mit Sprühlack grundieren. Nach dem Trocknen die Rückseite ebenfalls lackieren.

Die Ränder und „Staubgefäße" der weißen Blüten mit goldenem, silberfarbenem oder farbigem Lack bemalen.

Zum Schluß zwei Blüten an den Papierkreisen zusammenkleben; dabei gleich einen Aufhängefaden mit einkleben. Die Blüten vorsichtig ausrichten.

12. Dezember

Sterne aus Biegeplüsch

Material & Hilfsmittel

Bunter Biegeplüsch (Chenilledraht): jeweils 50 cm x 9 mm; Zange

Bastelanleitung

Ein großer Stern wird jeweils aus einem Biegeplüschdraht gebogen. Den Biegeplüschdraht alle 9,5 cm markieren. Dazu einen Filzstift verwenden oder den Draht an der zu markierenden Stelle einknicken. Es bleibt ein kleiner Rest Draht übrig, der zum Schließen des Sterns benötigt wird. Den Draht an den markierten Stellen umbiegen und entsprechend der Skizze zu einem Stern formen. Dabei die Über- und Unterführungen beachten. Das kleine Restdrahtstück mit dem Anfangsdraht fest verdrehen, dann ist der Stern geschlossen. Abschließend den Stern durch leichtes Ziehen und Zusammendrücken in die endgültige Form bringen.

Für den kleinen Stern einen Biegeplüschdraht mit der Zange halbieren; die Markierungsabstände betragen hier 4,5 cm.

Es läßt sich eine lustige bunte Weihnachtsgirlande herstellen, wenn die Sterne direkt ineinandergeflochten werden.

13. Dezember

Kerzen

Material & Hilfsmittel

Stumpenkerzen; Wachsplättchen in verschiedenen Farben; verschiedene Backförmchen; Holzbrett (als Unterlage); kleines spitzes Küchenmesser; Bleistift

Bastelanleitung

Die Wachsplättchen auf das Holzbrett legen. Die Motive aus den Wachsplättchen mit den Backförmchen ausstanzen oder ausschneiden. Die ausgeschnittenen Formen zuerst locker an die Kerze drücken, arrangieren und dann erst vorsichtig andrücken.

Kerze mit Sternen: Eine große und eine kleine Stern-Backform auswählen (oder Motiv K1 und K2 vom Vorlagenteil auf Pappe übertragen und eine Schablone ausschneiden). Zuerst den großen Stern aus der Wachsplatte ausstechen. Dann mit der kleinen Form aus dem großen Stern einen kleineren Stern herausstechen. Vorsicht beim Herauslösen des Sterns, da der Rand leicht einreißt. Abwechselnd einen vollen Stern und eine Sternumrandung sanft aufdrücken.

Kerze mit Herzen: Die Herzen mit der Backform aus den Wachsplättchen ausstechen. Dabei die Herzform drehen (Spitze einmal oben, einmal unten), um Material zu sparen.

Die Motive auf der Kerze senkrecht untereinander anordnen. Für die „Strohsterne" mit dem Küchenmesser einen schmalen Wachsstreifen in Gold abschneiden. Davon 0,5 bis 1 cm lange Stücke abschneiden und kreuzförmig übereinander auf der Kerze andrücken.

Kerze mit Schneemann: Die Kugeln für den Schneemann ausstechen. Besen und Möhrennase mit dem Messer ausschneiden. Für die Schneeflocken und die „Kohleaugen" sowie den Mund schmale Streifen in der passenden Farbe von den Wachsplättchen abschneiden. Anschließend den Streifen in sehr kleine Würfel schneiden.

Kerze mit Schriftzug: Den Schriftzug mit einem spitzen Bleistift vorschreiben und in der gewünschten Schriftbreite noch einmal umfahren. Darauf achten, daß der Schriftzug mindestens 0,2 mm breit ist, sonst reißt er beim Ausschneiden zu leicht durch. Mit einem spitzen Küchenmesser vorsichtig ausschneiden und sehr vorsichtig aus dem Wachsplättchen herauslösen. Die Sternschnuppe mit einer Backform ausstechen oder an einen ausgestochenen Stern den Sternenschweif anfügen.

14. Dezember

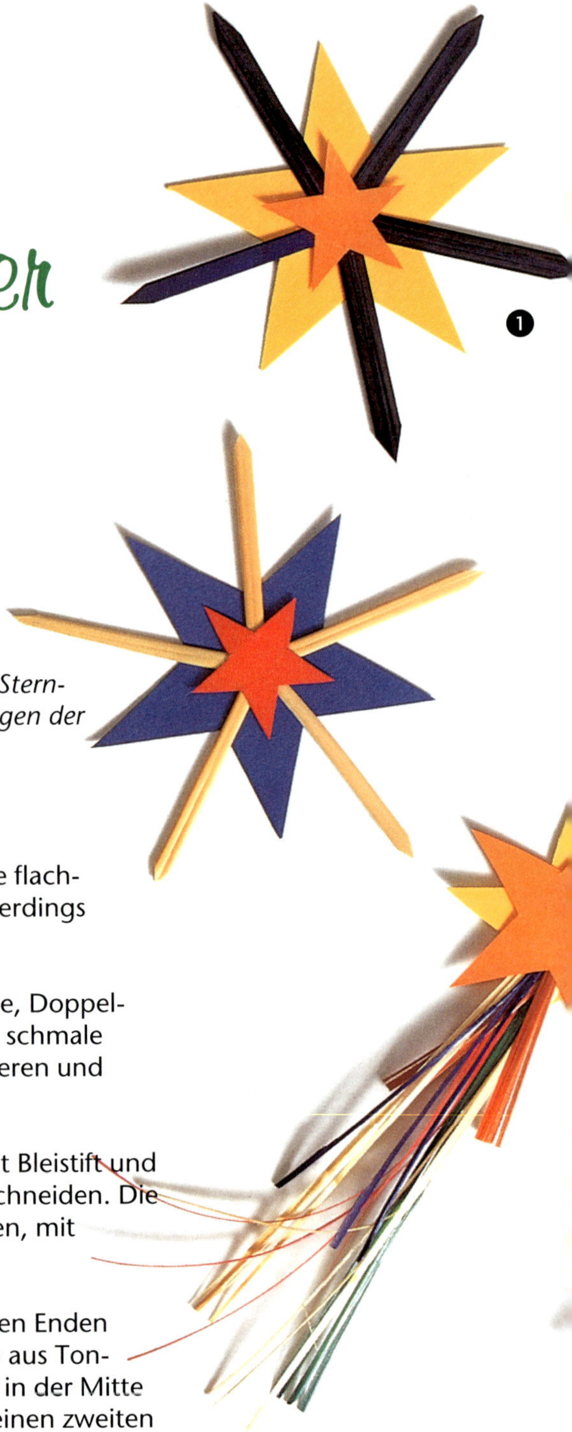

1

Bunte Sterne aus Stroh und Tonkarton

Motive H 1 bis H 4 auf Seite 57

Material & Hilfsmittel

Farbige Strohhalme; bunter Tonkarton; Pappe für Sternschablonen; Bleistift und Kohlepapier zum Übertragen der Vorlagen; Schere; Klebstoff; Bügeleisen

Bastelanleitung

Das Stroh mit dem Bügeleisen auf mittlerer Stufe flachbügeln. Feuchtes Stroh bügelt sich einfacher, allerdings färbt es beim Bügeln leicht ab.

Die Strohhalme in angegebener Länge mit Spitze, Doppelspitze oder ohne Spitze zuschneiden. Für dünne schmale Streifen (Modell *Sternschnuppe*) die Halme halbieren und spleißen.

Die Sternenschablonen aus dem Vorlagenteil mit Bleistift und Kohlepapier auf die Pappe übertragen und ausschneiden. Die Schablone für die Sterne auf den Tonkarton legen, mit Bleistift nachzeichnen und ausschneiden.

Modell 1: Fünf Halme mit je 5 cm Länge an beiden Enden spitz zuschneiden. Den fünfzackigen Stern (H 1) aus Tonpapier ausschneiden, die Halme mit ihrer Spitze in der Mitte festkleben. Sobald der Klebstoff getrocknet ist, einen zweiten kleinen Stern (H 4) darüberkleben.

Modell 2: Sechs Halme mit je 5 cm Länge an dem einen Ende mit einer Doppelspitze und an dem anderen Ende mit einer Spitze versehen. Auf den sechszackigen Stern (H 2) entsprechend der Abbildung mit der Spitze in der Mitte aufkleben.

Modell 3 „Sternschnuppe“: Mehrere dünne Strohhalme in unterschiedlicher Länge (4,5 bis 14 cm) zuschneiden. Auf einen fünfzackigen Stern (H 3) als Schweif aufkleben. Abschließend einen weiteren fünfzackigen Stern (H 3) „auf Lücke“ kleben: So entsteht ein zehnstrahliger Stern. Den Schweif vorsichtig über ein Scherenblatt ziehen, damit er sich leicht wölbt.

15. Dezember

Weihnachtslichter

Material & Hilfsmittel

Goldfolie (zweifarbig); dicke, stumpfe Stopfnadel oder/und Rundstricknadel (Stärke 2,5/3); Korken; saubere Marmeladen- oder Honiggläser (nicht zu hoch); weiche Arbeitsunterlage (Decke, flaches Schaumgummikissen oder Styroporplatte); Schere; Klebstoff; Teelichter; evtl. Papier; Backförmchen

Bastelanleitung

Den Umfang des Glases messen und die Goldfolie 1 cm breiter und 2 cm höher zuschneiden.

Die Stopfnadel mit dem Öhr in einen Korken stecken. Wenn eine Rundstricknadel benutzt wird, die zweite Nadelspitze in einen Korken treiben. Die Folie auf die weiche Unterlage legen und mit der Nadel die gewünschten Muster einstechen. Wer anschließend den Rand umfalzen oder mit der Schere bearbeiten will, muß die oberen und unteren Kanten entsprechend frei lassen; mit einer Nadel dünne Hilfslinien 1 cm entfernt vom Rand ziehen.

Die Muster können frei gestochen oder nach einer Vorlage gearbeitet werden. Ein Motiv (z. B. Stern, Herz oder Tannenbaum) auf Papier vorzeichnen, ausschneiden, auf die Folie legen und mit einer stumpfen Nadel die Konturen nachfahren. Backförmchen eignen sich gut als Motivvorlage. Wenn

man sie leicht in die Folie eindrückt, zeichnet sich der Umriß durch; besser sichtbar ist jedoch die Umrandung mit der stumpfen Nadel.

Wenn alle Muster übertragen sind, werden sie mit der Nadel umstochen. Anschließend entweder die Muster oder die Zwischenräume durch Löcherstechen füllen. Dabei darauf achten, daß große Löcher nicht zu eng gesetzt werden, da die Folie sonst reißt.

Die Kanten nach Wunsch umschlagen und falzen oder mit der Schere z. B. Zacken einschneiden. Die Weihnachtslichtfolie um das Glas legen, die Seitenränder überlappend zusammenkleben und trocknen lassen. Ein Teelicht in die Mitte des Glases stellen.

16. Dezember

Geschenkpapiere

Material & Hilfsmittel

Packpapierbögen; Bleistift und Kohlepapier zum Übertragen der Vorlagen, feste Pappe für die Schablonen; Wachsmalstifte; Backförmchen; Schere oder Cutter
Für die Variante:
Wellpappe; wasserlösliche Lackfarbe; Pinsel; Korken; Klebstoff;

Geschenkpapier mit Sternen

Zuerst Schablonen für die Stern-Motive anfertigen. Die Sterne vom Vorlagenteil (z. B. Motiv B 1) mit Bleistift und Kohlepapier auf Pappe übertragen, ausschneiden und auf einer festen Unterlage ausbreiten. Das Packpapier darüberlegen, die Sternkonturen mit Wachsmalstiften durchrubbeln. Es reichen wenige Stern-Schablonen, wenn nur kleine Stücke hintereinander bearbeitet und die Schablonen jeweils versetzt werden.

Geschenkpapier mit Herzen, Sternen und Sternschnuppen

Das Packpapier über den Backförmchen ausbreiten und die Konturen vorsichtig mit Wachsmalstiften durchrubbeln. Anschließend die einzelnen Formen mit Wachsmalstiften großzügig ausmalen.

Variante: Zusätzlich zu der Sternschablone jeweils eine Herz- und eine Tannenbaumschablone mit Hilfe von Backförmchen aus stabiler Wellpappe ausschneiden. Auf die glatte Seite einen Korken kleben, damit sich der Stempel besser anfassen läßt. Die gewellte Seite mit einem dicken Pinsel mit Farbe einstreichen und nicht zu fest auf das Papier drücken. Danach vorsichtig abziehen und die Farbe trocknen lassen.

17. Dezember

Fingerpuppen aus Filz

Motive J 1 bis J 8 auf Seite 56 und 57

Material & Hilfsmittel

Filz in Weiß, Gelb, Rot und Rosa; schwarzes und rotes Papier (oder Filzstifte); Goldfolie; goldenes Geschenkband; Bleistift und Kohlepapier zum Übertragen der Vorlagen; Tonpappe für die Schablone; Schere; Klebstoff

Bastelanleitung

Die Grundformen vom Vorlagenteil auf die Tonpappe durchpausen. Die Schablone auf den Filz legen, mit dem Bleistift umfahren und doppelt ausschneiden. Die Stücke aufeinanderlegen und an den Rändern mit einer dünnen Spur Klebstoff zusammenkleben. Achtung: Der untere Rand bleibt offen! Wenn noch Bleistiftspuren auf dem Filz zu sehen sind, diese Seite vor dem Aufkleben der anderen Motive nach innen drehen.

Engel: Zusätzlich zur Grundform den Arm doppelt ausschneiden. Die Haare nur einmal ausschneiden und auf die Figur kleben. Kleidersaum und Halsausschnitt mit etwas aufgeklebtem Goldband verzieren. Augen und Mund können direkt mit Filzstift aufgemalt werden. Aber es ist sicherer, beides aus Papier auszuschneiden und aufzukleben. Zum Schluß die Flügel doppelt aus Goldfolie ausschneiden und auf der Rückseite der Figur aufkleben.

Weihnachtsmann: Zusätzlich zur Grundform einen Arm ausschneiden und aufkleben. Auf das Gesicht rosa Filz oder rosa Papier kleben. Saum, Mantelleiste, Bart und Augenbrauen aus weißem Filz ausschneiden und aufkleben. Der Bart sieht auch aus Watte sehr schön aus, ist aber nicht so haltbar wie einer aus Filz. Zum Schluß die Augen aus schwarzem Papier ausschneiden und aufkleben.

Sternschnuppe: Auf die Grundform Augen und Mund aus Papier aufkleben.

Spielidee

Mit den Fingerpuppen läßt es sich herrlich alleine mit beiden Händen oder zu mehreren spielen. Hier einige Spielvorschläge: Die freche Sternschnuppe stibitzt den Geschenkesack vom Weihnachtsmann, der Engel muß helfen. Oder die Sternschnuppe fliegt durch die Welt und erzählt dem Engel und dem Weihnachtsmann von den Kindern in aller Welt. Gemeinsam überlegen die drei, wie man ihnen zu Weihnachten eine Freude machen kann. Oder der Engel und der Weihnachtsmann wollen zur Erde, die Sternschnuppe zeigt den Weg. Der Phantasie sind keine Grenzen gesetzt!

18. Dezember

Eichhörnchen aus Haselnüssen

Material & Hilfsmittel

Große Haselnüsse; brauner Biegeplüsch; schwarzer Filzstift; schnell trocknender Klebstoff; Zange

Bastelanleitung

Zwei Haselnüsse mit der Spitze nach vorn übereinander kleben. So lange festdrücken, bis der Klebstoff hält.

Vom Biegeplüsch für Beine und Schwanz ein 18 cm langes Stück abknipsen, für die Arme 6 cm und für die Ohren 2 x 1 cm.

Zuerst den 6 cm langen Biegeplüsch u-förmig um die Mitte der Nüsse legen und festkleben. Den 18 cm langen Biegeplüsch doppelt nehmen und für die Beine am offenen Ende 1,5 cm umbiegen. Den Nußkörper unten und auf der Rückenseite mit Klebstoff bestreichen und auf den Biegeplüsch drücken (siehe Abbildung). Das Schwanzende leicht rundbiegen. Die kleinen Stücke als Ohren festkleben. Zum Schluß mit Filzstift Augen, Nase und Schnurrbart malen.

Tip: Die Eichhörnchen eignen sich sehr gut zur „Serienproduktion". Sie sehen auch aus buntem Biegeplüsch sehr niedlich aus.

19. Dezember

Kekskerzen

Zutaten

Schokoladenglasur; Pergamentpapier; Teelöffel
***Pro Kerze:** 1 runder Keks mit Loch; 1 Waffelröllchen;*
1 abgezogene ganze Mandel

Rezept

Die Schokoladenglasur laut Anweisung im Wasserbad erhitzen. Den Keks auf das Pergamentpapier legen, mit dem Teelöffel etwas flüssige Schokolade in den Innenkreis füllen. Das Waffelröllchen hineinsetzen, auf den oberen Rand etwas flüssige Schokolade geben. Die Mandel mit der Spitze nach oben aufsetzen. Schokolade erkalten lassen, Kerze vorsichtig vom Pergament abziehen.

Tip: Die Mandel hält besser, wenn das Waffelröllchen in der Mitte vorsichtig mit einem Küchenmesser etwas vertieft wird. Vorsicht, das Gebäck zerbricht leicht!

20. Dezember

Weihnachtsspiel

Motiv G 3 und Motive K 1 und K 2 auf Seite 56 und 57

Bastelmaterial

Festes Tonpapier in verschiedenen Farben; Büroklammern; Schere; Bleistift und Kohlepapier zum Übertragen der Vorlagen; Holzstab für die Angel; goldene Schnur; kleiner Magnet (z.B. von einer Modelleisenbahn); etwas Frischhaltefolie oder ein Stück Nylonstrumpf; Goldfolie; Lackfarbe in Blau; Klebeband; goldenes Ringelband; Klebstoff

Bastelanleitung

Der Sternkasten: Von einem Bogen Tonpapier zwei Streifen mit eine Länge von 50 cm und einer Breite von 18 cm abschneiden. Die Streifen sorgfältig in der Hälfte quer knicken, nachfalzen und wieder auffalten. Die Streifen auf einem Klebestreifen nebeneinander legen und festkleben, so daß ein langer Streifen entsteht. An Klebe- und Bruchkanten einen rechten Winkel knicken, so daß ein Kasten ohne Boden entsteht. Mit dem Klebeband die letzte offene Kante der Länge nach schließen.

Zur Verzierung aus dem Goldpapier vier Streifen in 4 cm Breite und 24 cm Länge ausschneiden. Über Eck an die Kanten kleben, oben und unten je 3 cm umschlagen und innen festkleben. Sterne ausschneiden und aufkleben.

Die Figuren: Mindestens zwölf Motive, zum Beispiel Sterne, Geschenke, Stiefel oder Rute auf das Tonpapier nach den Vorlagen und nach eigener Phantasie aufzeichnen und ausschneiden. Nach Wunsch mit ausgeschnittenen Papierelementen bekleben. An jede Figur eine Büroklammer heften.

Die Angel: Einen kleinen Magneten fest in Frischhaltefolie oder ein Stück Nylonstrumpf einwickeln, mit einem langen Goldfaden abbinden und festknoten, den Faden nicht abschneiden. Den Holzstock für die Angel mit der blauen Lackfarbe bemalen, das Ende des Goldfadens in gewünschter Länge anknoten. Die Angel mit goldenem Ringelband umwickeln und festkleben.

Spielidee

Das „Weihnachts-Angelspiel" ist schnell gebastelt und macht Kindern viel Spaß. Alle Figuren in den Stern-Kasten legen. Jedes Kind darf der Reihe nach mit der Angel „fischen" und ein Teil herausziehen, bis der Topf leer ist. Das Ziel des Spiel ist variabel:

1. Alle Figuren tragen einen Punktwert, z.B. das Geschenkpaket 2 Punkte, die Sternschnuppe 5 Punkte, die Rute 0 Punkte. Wer am Ende des Spiels die höchste Punktzahl geangelt hat, ist der Sieger.

2. Jede Figur hat eine andere Bedeutung, zum Beispiel: *Rute:* 1x aussetzen; *Geschenk:* Der Spieler darf sich von einem Mitspieler ein Weihnachtslied vorsingen lassen; *Schneeflocke:* Auf einem Bein durch das Zimmer hüpfen; *Nikolausstiefel:* Alle Mitspieler müssen einen Schuh ausziehen, der in einen Sack kommt. Wer ihn zurückhaben will, muß seinen Schuh ertasten, usw. Es gibt keinen Sieger, nur gemeinsamen Spaß.

21. Dezember

Goldengel aus Nudeln

Material & Hilfsmittel

Rigatoni (Körper); Hörnchennudeln (Arme); Farfalle (Flügel); Sternchennudeln (Haare, Knöpfe); Graupen (Haare, Knöpfe); Trullinudeln (Hut); Preßwattekugel: 1 cm Ø (Kopf); Goldfaden; große Nähnadel; schnell trocknender Kraftkleber (kein Sekundenkleber!); Goldspray; alte Zeitungen

Bastelanleitung

Die Nudeln in angegebener Reihenfolge zusammenkleben, dabei nach jedem Klebevorgang eine Trockenpause einhalten, sonst verrutschen die Einzelteile. Um die Trockenzeiten auszunutzen, lohnt sich die Herstellung mehrerer Engel auf einmal.

Eine Rigatoni-Nudel bildet den Körper. Daran zuerst eine Farfalle-Nudel als Flügel, anschließend zwei Hörnchen-Nudeln als Arme ankleben.

Einen doppelten Goldfaden mit Hilfe einer Nadel durch die Preßwattekugel ziehen und verknoten, er dient später als Aufhänger. Die Kugel mit dem Faden nach oben als Kopf aufkleben.

Die Graupen oder die Sternchen-Nudeln auf einen flachen Teller streuen. Für die Haare den Kopf mit Klebstoff einstrei-

chen und in die Graupen oder in die Sternchennudeln tauchen. Anstatt der Haare können auch Trulli-Nudeln als Hut aufgeklebt werden, dabei den Aufhängefaden durch den Nudelschlitz führen. Als weitere Verzierung bieten sich Graupen oder Sternchen-Nudeln als „Knopfleiste" an.

Zum Schluß die fertig geklebten Engel rundherum vergolden. Dazu die Arbeitsfläche mit Zeitungspapier großflächig abdecken, die Engel nebeneinander legen und besprühen. Nach dem Trocknen auch die Rückseite vergolden. Tip: Statt Goldspray können Sie auch weißen oder silberfarbenen Lack verwenden.

22. Dezember

Tannenbaum aus Tonkarton und Goldfolie

Motive L 1 und L 2 auf Seite 57

Material & Hilfsmittel

Zweifarbige Goldfolie (rot-gold); grüner Tonkarton (70 x 50 cm); Bleistift und Kohlepapier zum Übertragen der Vorlagen; Pappe für die Schablonen; Schere; Faden; Nähnadel

Bastelanleitung

Das u-förmige Motiv mit Kohlepapier und Bleistift vom Vorlagenbogen auf Pappe übertragen. Eine Schablone anfertigen, die Linien sorgfältig einschneiden. Pro Herz werden zwei U-Formen benötigt, für den Tannenbaum also zwölf Stück. Die Form mit der Schablone auf die zweifarbige Goldfolie übertragen. Die U-Formen mit der Rundung nach oben so nebeneinander legen, daß eine rote und eine goldene Seite zu sehen ist. Die U-Formen vorsichtig ineinanderflechten. Schließen die Kanten der Herzform nicht richtig ab, die Linien der beiden U-Formen etwas tiefer einschneiden. Durch jedes Herz mit Hilfe einer Nadel einen Zwirnfaden ziehen.

Aus dem grünen Tonkarton ein großes Dreieck (Schenkel 60 cm, Basis 70 cm) ausschneiden. Nach dem Motiv im Vorlagenteil die Herz-Schablone aus Pappe anfertigen. Mit der Schablone fünf Herzen der Abbildung entsprechend in „Pyramidenform" auf das Dreieck aufzeichnen und anschließend ausschneiden.

Zum Schluß die geflochtenen Herzen mit Nadel und Faden in die ausgeschnittenen Herzflächen hängen. Den Faden auf der Rückseite des Tannenbaumes mit Klebeband befestigen.

Der Tannenbaum kann als Fensterbild aufgehängt werden oder als Dekoration auf den Weihnachtstisch gestellt werden.

23. Dezember

Christbaumkugeln

Material & Hilfsmittel

Luftballons (für Tropfen-Kugeln); kleine Luftballons oder „Wasserbomben“ (für kleine Kugeln); Zeitungspapier; Tapetenkleister; Suppenteller; weihnachtliches Geschenkpapier; evtl. Glitterglue und Plusterpen; Geschenkband; Hölzchen; Nadel

Bastelanleitung

Etwas Tapetenkleister nach Angabe des Herstellers anrühren und in einen Suppenteller füllen. Den Luftballon in der gewünschten Größe aufblasen und gut verknoten.

Aus Zeitungspapier schmale Streifen reißen, durch den Tapetenkleister ziehen. Die nassen Streifen in mehreren Schichten um den Ballon kleben, dabei den Verschlußknoten aussparen. Sonst dürfen keine weiteren Lücken offenbleiben. Den Ballon gut trocknen lassen, am besten über Nacht.

Für einfache bunte Kugeln Geschenkpapier in Streifen reißen und eine abschließende Schicht über den Zeitungsballon kleben. Besonders hübsch sieht es aus, wenn auf unifarbene Kugeln Weihnachtsmotive aus Geschenkpapier ausgerissen und aufgeklebt werden. Alle Kugeln können zusätzlich mit Plusterpen, Goldstiften oder Glitterglue verziert werden.

Zum Schluß mit einer Nadel in die Kugel stechen, den Ballon am Verschlußknoten vorsichtig herausziehen. Wenn das Loch zu klein ist, den Knoten abschneiden und die Ballonhülle im Inneren belassen. Den Aufhängefaden an ein Hölzchen knüpfen, durch das Loch stecken und leicht schütteln, bis sich das Holz querstellt.

24. Dezember

Weihnachtskrippe als Steinmosaik

Material & Hilfsmittel

Flache Steine mit glatter Oberfläche in verschiedenen Größen; Seifenlauge; Lack auf Wasserbasis; Pinsel; Wasserbehälter; alte Zeitungen; Bleistift; Radiergummi

Bastelanleitung

Die Steine sorgfältig mit Seifenlauge abwaschen. Die Oberfläche darf keine Sand- oder Erdreste mehr aufweisen, damit die Farbe haftet. Die Steine gut trocknen lassen, eventuell über Nacht.

Mit dem Bleistift das gewünschte Motiv aufmalen. Falsche Linien lassen sich wegradieren.

Den Arbeitstisch mit Zeitungen abdecken und die Figuren mit Lack ausmalen. Am besten alle Motive auf den Steinen vorzeichnen und alle Felder mit der gleichen Farbe mit einem Mal ausmalen. Die Farbe gut trocknen lassen, bis die nächste aufgetragen wird. Der flüssige Lack kann mit Wasser verdünnt und ausgewaschen werden, nach dem Trocknen glänzt er sehr schön und ist wasserfest.

Tip: Das Steinbild eignet sich aufgrund seiner beweglichen Einzelteile zu immer wieder neuen Kombinationen. Wer aber eine bestimmte Kombination gerne dauerhaft erhalten

möchte, kann die Steine mit Steinkleber auf einem festen Untergrund aufkleben: Auf eine Holzplatte eine ca. 2 cm dicke Schicht Tapetenkleister, vermischt mit Sand, auftragen. Die Steine hineindrücken, trocknen lassen. Die Sandschicht wird hart, hält die Steine und wirkt als Füllmaterial in den Zwischenräumen sehr schön.

Spielidee

Ein Steinmosaik ist die ideale Arbeit für eine Gruppe oder eignet sich als tägliche Vorbereitung auf Weihnachten.

Die Steine lassen sich leicht versetzen, so daß immer wieder eine andere Krippe arrangiert werden kann. Die Steine können auch wie Spielfiguren zur vorgelesenen Weihnachtsgeschichte aktiv von den Kindern mitbewegt werden. Je mehr Einzelfiguren es gibt, um so lebhafter lassen sich die einzelnen Szenen gestalten.

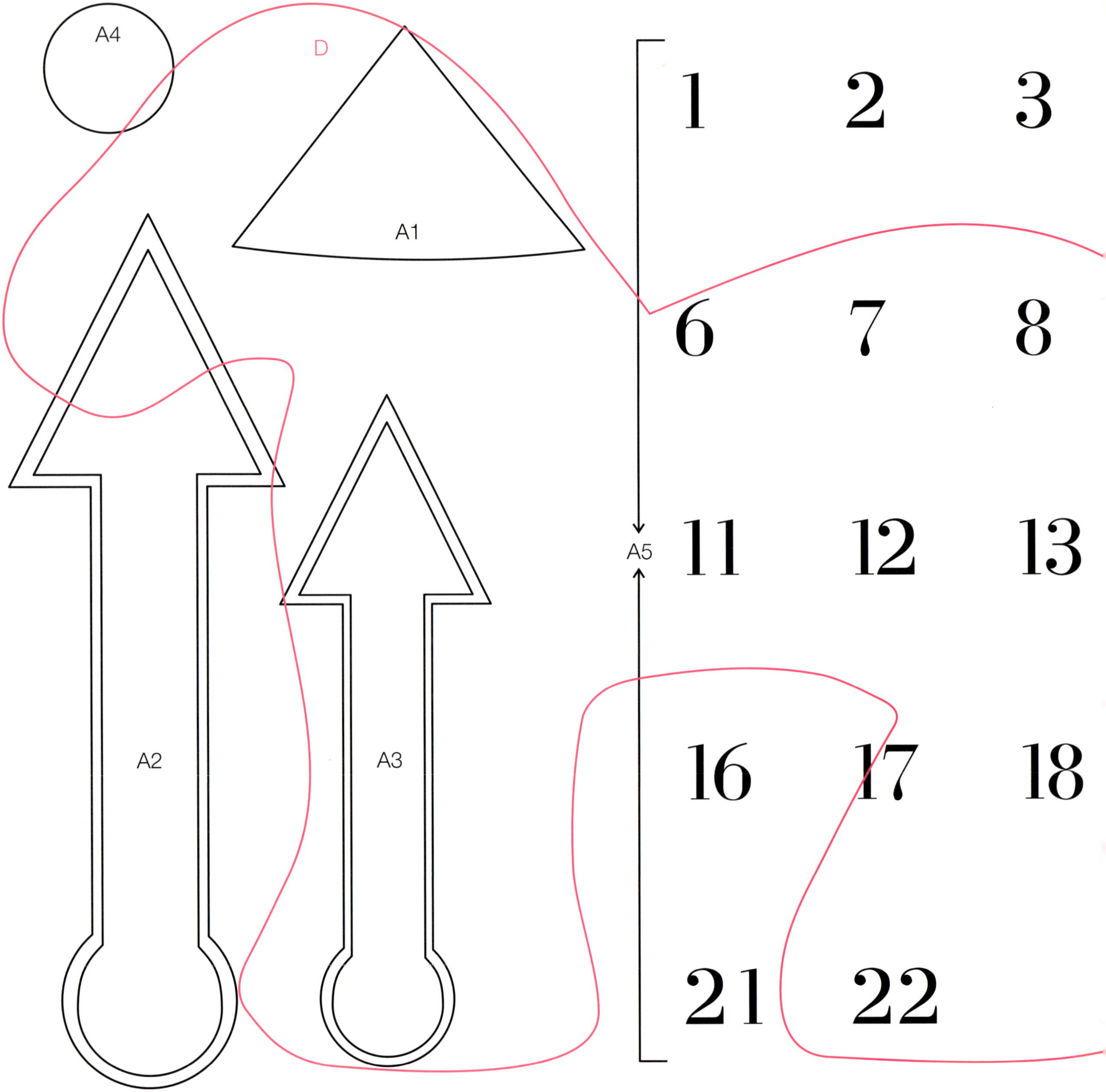
A4
D
A1
1
2
3
6
7
8
A5
11
12
13
A2
A3
16
17
18
21
22

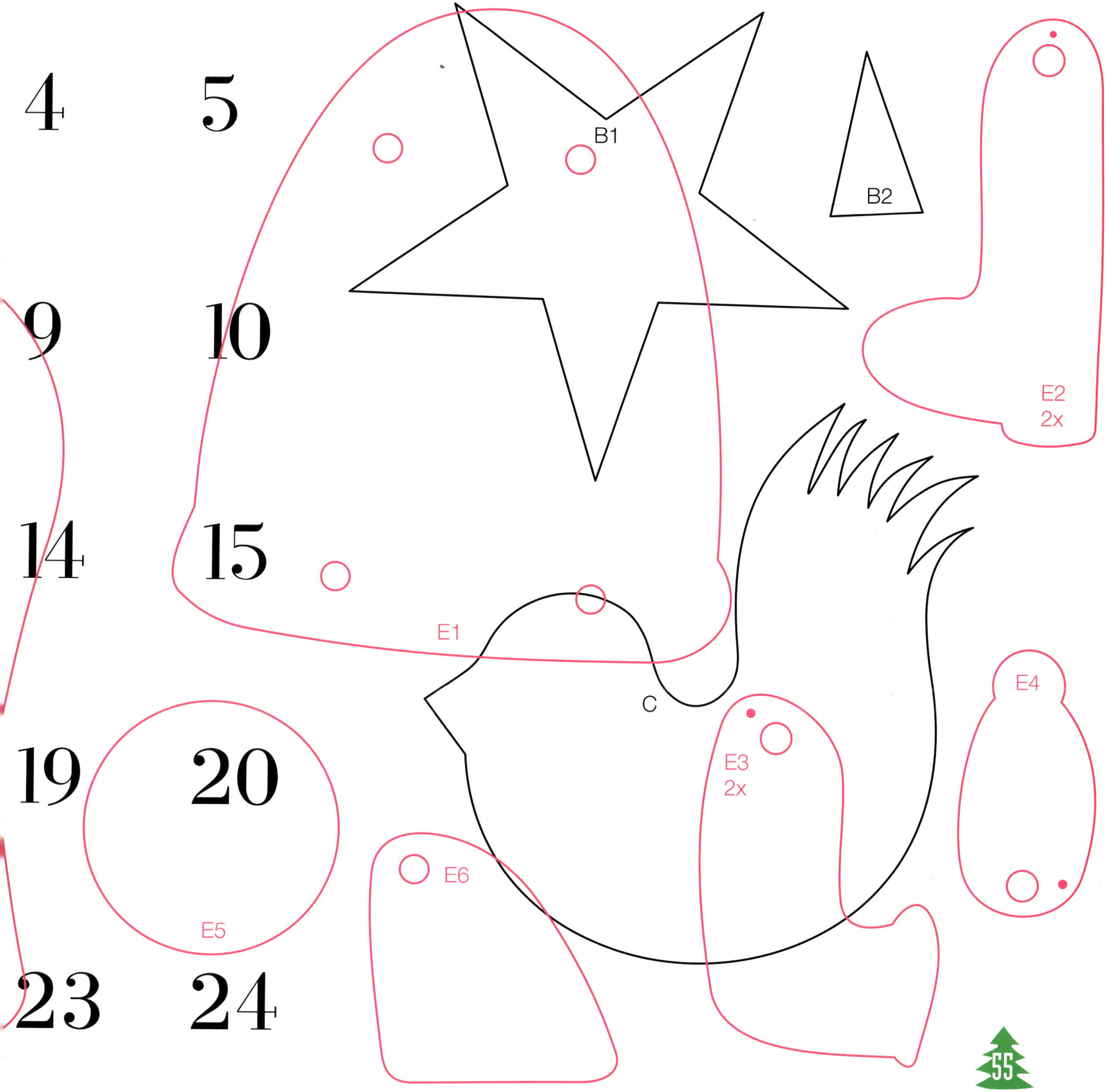
4
5
9
10
14
15
19
20
23
24
B1
B2
E1
E2
2x
E3
2x
E4
E5
E6
C

J1
J3
5 cm
F
G1
J5
G2
J2
G3

J4
H1
H2
L1
J6
H4
K2
J8
L2
J7
H3
K1

Bücher für Ihre Hobbys:

Stoff- und Seidenmalerei, Malen und Zeichnen, Keramik, Floristik

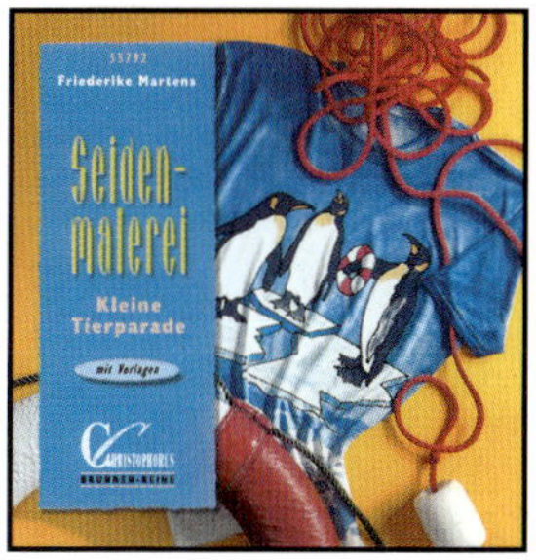

Bücher zum textilen Handarbeiten:

Sticken, Häkeln und Patchwork

Karin Senger (links)
Karin Senger, Kunstlehrerin und Diplompädagogin, engagiert sich in der außerschulischen Kinder- und Jugendarbeit. Zunächst arbeitete sie als Bildungsreferentin beim Kreisjugendring München-Land, heute ist sie als Grundsatzreferentin des Landesjugendrings in Kiel tätig.

Sabine Latorre (rechts)
Als ausgebildete Kunst- und Werklehrerin leitete Sabine Latorre viele Jahre eine Kinderfreizeitstätte der Stadt Heidelberg. Heute arbeitet sie als freie Journalistin, Redakteurin und Autorin.

ISBN 3-419-53556-2

Fotos und Styling: Roland Krieg, Waldkirch
Zeichnungen: Uwe Stohrer, Norsingen
Umschlagfoto: Roland Krieg, Waldkirch
Umschlaggestaltung: Network!, München
Layoutentwurf: Network!, München
Layout und Produktion: Print Production, Umkirch
Herstellung: Westermann Druck GmbH, Zwickau 1996